La soupe au caillou

Collection dirigée par Ilona Zanko

Illustration de Rémi Saillard
Conception graphique de Pépito Lopez
ISBN : 978-2-74-850600-6

Ce conte est extrait du recueil
Les trois oranges et autres contes,
de Michel Hindenoch, collection « Paroles de Conteurs ».
© Syros, 1995
© 2007, Éditions SYROS, Sejer,
25, avenue Pierre-de-Coubertin, 75013 Paris

Loi n° 49-956 du 16 juillet 1949
sur les publications destinées à la jeunesse,
modifiée par la loi n° 2011-525 du 17 mai 2011.

Mise en pages : DV Arts Graphiques à La Rochelle.
Achevé d'imprimer en France en novembre 2013
par Clerc (Cher).
N° d'éditeur : 10201715 – Dépôt légal : juillet 2013
N° d'impression : 13833

La soupe au caillou

Michel Hindenoch

MiNi SYROS

Dondé
Dondéri déro,
Da doun darédou.
Ouvrez,
Ouvrez la porte !
Non, ce n'est pas le vent.
Ouvrez, ouvrez la porte :
C'est un homme passant…

Il était une fois un homme
qui marchait sur une route.
Un soldat.
Il avait fait une guerre, au loin.
La guerre était perdue,
mais il s'en fichait bien :
ce qui comptait surtout,
c'était qu'elle était finie !
Et lui, il pouvait rentrer chez lui…
Seulement c'était loin, il avait
marché longtemps, il était fatigué,
il avait froid, il avait faim…
Le soir était déjà tombé.

Puis il a vu une petite lumière
au loin. Alors il s'est approché
de la maison. Il s'est mis
devant la porte.
Et il a chanté sa petite chanson :

« Ouvrez,
Ouvrez la porte !
Non, ce n'est pas le vent.
Ouvrez, ouvrez la porte :
C'est un homme passant... »

La porte s'est ouverte…
C'était une vieille qui habitait là.
Mais quand il a vu la grimace
qu'elle a faite, il a compris
qu'il était mal tombé…
Elle a dit :

– **Encore un ? Mais qu'est-ce**
que vous croyez ? On n'est pas
riche, ici, dans le pays !
Il n'y a déjà pas assez à manger
pour les habitants,

alors vous pensez !
S'il faut qu'on s'occupe
de tous ceux qui passent !
Quand on a rien comme toi,
on se débrouille !
T'as qu'à manger de la soupe
au caillou !

Et CLAC !

Elle a fermé la porte.

Lui, il s'est retrouvé dehors.

Dans la cour… Il a baissé la tête.

Et alors, par terre, juste devant

ses chaussures, il a vu…

un caillou !

Il l'a ramassé.

Il l'a fait tourner dans ses mains.

Puis ça lui a donné une idée !

Il est retourné à la porte,
il a frappé, et à travers la porte,
il a dit :

– Permettez à un pauvre
soldat qui revient de guerre
d'avoir au moins une
marmite avec un peu d'eau,
et une place sur le feu,
pour faire cuire son caillou !

La vieille, elle a ouvert la porte…
Elle n'en croyait pas ses yeux :

il était là, debout,
avec son caillou.

C'est qu'il avait l'air sérieux !
Alors elle est rentrée chez elle.
Elle a pris un chaudron,
elle l'a rempli d'eau,
elle a posé ça sur le feu,
puis elle a dit :
– Voilà !

Et lui, il est entré.

Il a soulevé son caillou,

et PLOUF !

Il l'a laissé tomber

dans l'eau.

Elle s'est assise à côté,

à le regarder.

Elle n'était pas très rassurée.

Elle se disait :

« C'est un fou, celui-là ! »

Lui, il regardait son caillou…

L'eau commençait à chanter.

Et puis il a vu bientôt

des milliers, des milliers

de petites bulles d'argent

qui sortaient de sous le ventre

de son caillou, et qui montaient,

en se dandinant.

Et lui, HMM ! il respirait ça…

**– Ha ! ha ! Ça t'étonne, hein,
la vieille ? il a dit.
Tu ne croyais pas si bien dire
tout à l'heure ! Eh bien
justement ! La soupe au caillou :
c'est une recette de chez nous !**

Il a pris une cuillère
sur la table,
et il a commencé
à tourner.

Il a tourné, il a goûté,
puis il a dit :
– Tiens, c'est vrai ça,
je me rappelle !
Chez moi, on disait :
il faut d'abord que l'eau
accueille le caillou !
C'est que c'est pas facile ça,
hein ? Eh bien pour ça,
chez nous, on a trouvé
comment faire avec presque
rien : chez nous, on met
juste un peu de sel…

Mais bon. S'il n'y a déjà
pas assez de sel pour
les habitants, tant pis.
On fera sans sel…

– Oh ! elle a dit, la vieille,
bon ! bon ! Un peu de sel ?
C'est pas le diable,
quand même !

Elle s'est levée.
Elle est allée vers le mur.
Elle a pris un peu de sel.

Elle lui a donné. Et lui : FFFFF !
il a jeté ça dans la marmite.
Et il a continué à tourner.
Il a tourné, il a goûté.
Et alors il y a eu tout à coup
un parfum étrange qui
s'est répandu dans la cuisine…
Puis il a dit :

– Ça y est ! Je me rappelle !
On disait aussi :
le meilleur, c'est ce qu'il y a
à *l'intérieur* du caillou !

Seulement, il faut aller
le chercher !
Et ça, pour l'eau,
c'est pas facile…
Oh, pour tourner autour
d'un caillou, ça : elle sait faire !
Mais pour entrer *à l'intérieur*…
il faut l'aider.
Chez nous, au pays,
pour aider l'eau, eh bien…
on ajoute **un oignon**.
Mais bon, oublions !

– **Ooh** ! elle a dit, la vieille,
il faut pas exagérer !
Un oignon, je vais voir.
J'ai peut-être bien
encore un oignon, moi…

Elle va derrière.
Elle fouille.
Puis elle revient avec un oignon.

Il l'épluche. Il le pique
au bout de son couteau.
Puis il le fait tourner
sur le feu. Et une fois
bien chaud, bien doré,
il le prend dans sa main,

et CRAP,
             CRAP,
                      CRAP,

il le coupe,
        et il le jette en pluie…

Il a tourné,

            il a goûté,

il a tourné,

            il a goûté,

puis il s'est arrêté,

et il a dit :

– C'est vrai ! je me rappelle
maintenant ! On disait aussi…
que l'important, finalement,
c'était la *différence*
entre la Pierre et l'Eau.

C'est pas facile ça, hein ?
C'est que ça ne se ressemble
pas, ces deux choses-là, hein ?
Eh bien chez nous,
on a trouvé un tout petit
rien pour aider l'eau !
Nous, pour ça, on ajoute
un peu de farine…
Oui, mais enfin, bon.
S'il n'y a pas de farine
pour les habitants…

– Ooooh ! il ne faut pas exagérer ! elle a dit, la vieille.

Elle s'est levée.

Elle est passée derrière.

Elle a cherché.

Elle a fouillé.

Elle est revenue
avec un petit sac de farine,
qu'elle a posé sur la table.

Et lui, il a enfoncé la main
dans le sac, et il a sorti…
un château !

Et tout doucement, il a fait
la neige sur son caillou…
Il a tourné, il a goûté,
et ça a commencé à cuire,
à épaissir.

Maintenant, ce n'étaient plus
les petites bulles d'argent
qui montaient. Non ! C'étaient
des bulles **énormes** !
Et quand elles arrivaient,
elles éclataient à la surface :
POP ! PLAP ! PLOP !
Il a goûté, et il a dit :

**– Je crois bien que
c'est la meilleure
des soupes au caillou
que j'aie jamais réussi à faire !**

Ah non ! C'est vrai,
je me rappelle maintenant !
La meilleure, c'était chez nous…
Ah ! On avait eu de la chance :
on avait eu de quoi mettre
un morceau de beurre
dans la soupe au caillou…
Hmm ! C'était quelque chose !
Mais bon. C'est vrai :
on est dans un pays
où on ne sait peut-être pas
ce que c'est que du beurre,
alors…

– Ooooooh !

Ça suffit comme ça, dites donc !

Qu'est-ce que vous croyez ?

Qu'on ne sait pas ce que c'est

que du beurre, peut-être ?

On n'est pas des arriérés,

tout de même !

Elle s'est levée.

Elle est repassée derrière.

Elle est revenue.

Elle a posé un morceau
de papier tout froissé sur la table.

Et lui, délicatement,

il a écarté le papier :

au milieu, il y avait

un tout petit morceau de beurre,

tout perdu, tout pauvre.

Il tremblait.

Il avait peur.

Il les regardait tous les deux.

Il se demandait ce qu'on allait

lui faire…

Alors le soldat a ouvert
son couteau. TAC !
Il a coupé le beurre en deux.
TAC !
Il a tapé son couteau
sur le bord de la marmite,
et le beurre : PLOC !
il s'est retrouvé
assis dans la soupe…
Puis il a commencé
à se sentir bien…
À laisser couler son
gros ventre tout doré…

Le soldat a tourné
tout doucement,
il a goûté, et il a dit :

– **Permettez à un pauvre soldat**
qui revient de guerre
de partager sa soupe au caillou
avec celle qui lui a permis
de la faire !
Vous êtes mon invitée !

– Invitée ?

Mais il ne faudrait pas
se moquer du monde !
Je suis quand même
chez moi ici !…
Et puis c'est moi l'invitée…

Ça lui a fait tout drôle.
Et ça lui a ramené
un vieux sourire. Elle a cru
qu'elle en aurait pleuré !

Alors, toute ragaillardie,
elle s'est levée. Elle a couru
jusqu'à l'armoire.
Et à chaque pas qu'elle faisait,
elle gagnait des années :

soixante ans !

cinquante ans !

quarante ans !

trente ans !

vingt ans !

Une jeune fille !

Elle a sorti les bols, les cuillères.

Elle a tout posé sur la table.

Et lui, il a posé la marmite

au milieu, toute fumante…

Ils se sont assis ensemble.

Les yeux dans les yeux.

Eh bien, même si on
vous dit un jour que
les conteurs sont des menteurs,
je ne vous mens pas :
ce soir-là, le soldat et la vieille
ont mangé la meilleure
des soupes au caillou
de toute leur vie !

Et depuis ce jour-là,

dans ce pays-là,

quand on frappe

à une autre porte que

la sienne, on a pris

l'habitude de dire,

à travers le bois de la porte :

« Ouvrez !

Et vous serez bien reçu ! »

Dondé,

Dondéri déro,

Da doun darédou.

Ouvrez, ouvrez la porte !

Non, ce n'est pas le vent.

Ouvrez, ouvrez la porte :

C'est un homme passant.

Non, ce n'est pas

du vent…

Un jour, quand j'étais petit, j'ai poursuivi un poulet pour le plaisir de la course. Cela se passait dans la maison d'été. Je l'ai rattrapé sans peine : j'avais dix ans. Malheureusement, au moment où j'allais le dépasser, je l'ai heurté du pied et lui ai cassé une patte. Honteux de l'avoir blessé, je l'ai soigné et il a survécu. Celui-là, on l'avait appelé « le poulet-malade » et on ne l'a pas mangé comme les autres. Il est devenu une poule qui faisait de bons œufs, et l'amie de la maison.

C'est un peu ce qui est arrivé à cette histoire. Les nombreuses versions de *La Soupe au caillou* que j'ai rencontrées m'étaient insupportables. Je dois avouer que j'ai horreur de la xénophobie, et particulièrement de celle des sédentaires vis-à-vis des nomades. Au point que j'ai fini par lui tordre le cou : avec toute la mauvaise foi dont je suis capable, j'ai fait dire au conte le contraire de ce qu'il disait. De quelque chose comme : « Méfiez-vous de la ruse des étrangers qui cherchent à manger votre pain », c'est devenu un conte sur l'hospitalité. Ça ne l'a pas tué, bien au contraire…

Michel Hindenoch

43

Michel Hindenoch est né en Forêt-Noire. Conteur, chanteur et plasticien, amoureux des traditions orales, du feu, des chemins, de la nuit et des songes, il raconte les contes et les mythes qui le nourrissent, d'où qu'ils viennent, pour lesquels il compose des versions singulières : « Renardises », « Asterios », « Ribamballes », « Fruits-Rouges »…

Au cours de ses conteries, dans la tradition des *cantastori*, des bardes et des aèdes, il s'accompagne avec des instruments comme la cithare hongroise ou la flûte de Pan. Il est reconnu aujourd'hui pour avoir développé un style résolument personnel, recherchant avant tout dans sa langue simplicité et musicalité.

Sa démarche est poétique, philosophique et politique : il est l'un des inspirateurs de la Charte des Conteurs d'en France et a publié *Conter, un art ?*, recueil de réflexions sur l'art du conteur.

Dans la collection « Paroles de Conteurs » Michel Hindenoch a publié *Les trois oranges et autres contes* (1995).